L. BONNAUD

DANS LES

Montagnes d'Haïti

Se vend au profit de la nouvelle Paroisse de La Vallée (Haïti).

LORIENT
Imp. Le Bayon-Roger
—
1913

Dans les Montagnes d'Haïti

L. BONNAUD

DANS LES

Montagnes d'Haïti

Se vend au profit de la nouvelle Paroisse de La Vallée (Haïti).

LORIENT
Imp. Le Bayon-Roger
—
1913

Aux Alréens,

mes chers compatriotes et amis

je dédie cet opuscule.

L. Bonnaud.

Les Evêques d'Haïti
Mgr Kersuzan Mgr Pichon Mgr Conan Mgr Morice

Chers Compatriotes,

A maintes reprises, des amis d'Auray et d'ailleurs m'ont demandé divers renseignements sur la Mission, à laquelle j'ai l'honneur d'appartenir. Profitant des moments de loisir que me procure un congé de six mois au « doux » pays de France, je me propose de raconter dans ce petit opuscule l'histoire de la fondation de ma Paroisse, à la vallée de Jacmel, dans l'île d'Haïti.

En FRANCE, le pays d'Haïti n'est guère connu que par les « *quotidiens* » relatant et souvent grossissant ces malheureuses révolutions qui, presque périodiquement, mettent à feu et à sang la petite République noire ; aussi le Missionnaire qui, tous les cinq ou six ans revient au pays natal pour refaire une santé ruinée ou du moins ébranlée par un soleil de feu, un travail excessif et des fièvres anémiantes, se sent-il douloureusement ému quand il s'entend poser cette sempiternelle question :

Mais qu'est-ce donc que votre pays d'Haïti ? Il est toujours en révolution !!! » Sans doute, il y a du vrai dans cette question : il est certain qu'en Haïti les révolutions sont assez fréquentes. Elles sont cependant séparées les unes des autres par des périodes de paix parfois assez longues, pendant lesquelles le travail est en honneur et la liberté individuelle garantie et respectée. Et puis, ces révolutions d'Haïti ne sont pas ordinairement aussi terribles qu'on le dit et qu'on semble le croire : certes, il s'y fait beaucoup de bruit ; les coups de fusil ou de carabine sont innombrables, mais heureusement le chiffre des morts ou des blessés est loin de répondre aux dépenses de poudre ou de balles. D'ordinaire, le noir n'est pas méchant : il a plutôt horreur du sang, il ne tire pas pour tuer, mais pour faire peur, et il est heureux, si par quelques balles inoffensives, il peut mettre en fuite l'adversaire.

En Bretagne, le pays d'Haïti est plus avantageusement connu. C'est de Bretagne en effet que partent pour cette Ile lointaine la plupart des apôtres que Dieu destine à son évangélisation. Presque toutes le paroisses bretonnes ont fourni à la Mission d'Haïti, dont la fondation proprement dite remonte à 1860, un ou plusieurs de leurs enfants. Auray en a donné trois : Le Père A. Hervé, mort en 1887, le Père J. M. Laity, aujourd'hui Assomptionniste, et enfin votre serviteur, qui actuellement en congé, s'apprête à regagner sa Mission en octobre prochain.

L'Episcopat d'Haïti est breton. Mgr J. Conan, Archevêque de Port-au-Prince est de Guern (Morbihan) ; son coadjuteur Mgr J. Pichon, de Pont-Aven (Finistère), Mgr François-Marie Kersuzan, évêque du Cap Haïtien a vu le jour à Grand-Champ (Morbihan), enfin Mgr Morice, évêque des Cayes est de Loyat, (diocèse de Vannes). Leurs illustres prédécesseurs étaient également bretons : Mgr Testard du Cosquer, Mgr Guilloux, Mgr Hillion, Mgr Bélouino, Mgr Gentet. Un seul, Mgr Tonti, Archevêque de Port-au-Prince, de 1893 à 1903, était d'origine italienne. Sur 185 Missionnaires occupés actuellement au service paroissial de quatre (1) diocèse d'Haïti, 160 sont bretons. Les évêques et les prêtres revenant au pays natal font connaître à leurs parents, à leurs amis, à leurs compatriotes, la Mission où ils travaillent, HAÏTI leurs pays d'adoption, qu'ils aiment par conséquent comme leur seconde Patrie, HAÏTI que des Autorités ecclésiastiques compétentes, Mgr Gouraud, évêque de Vannes, et Mgr Duparc, évêque de Quimper, ont nommé dans des circonstances encore récentes, la BRETAGNE NOIRE.

Auray, 1er Septembre 1913.

L. BONNAUD,
Missionnaire d'Haïti.

—o—

(1) Un cinquième diocèse, celui de Port-de-Paix, au nord-ouest de l'île, est desservi par les R. P. de la Compagnie de Marie.

Fondation de ma Paroisse

Novembre 1910.

La paroisse de Jacmel devenant de jour en jour plus populeuse (en 1896 on y comptait 60.000 âmes ; en 1910 il y en avait 104.000) Sa Grandeur Mgr Julien CONAN, Archevêque de Port-au-Prince se décida, en novembre 1910, à envoyer un prêtre en résidence à La Vallée, chapelle dédiée au grand saint Jean-Baptiste, la plus importante des quatorze chapelles de la paroisse de Jacmel par le nombre et la qualité de ses convertis.

J'étais alors vicaire aux Gonaïves. Le 8 novembre 1910 je reçus de Mgr Conan une lettre ainsi conçue :

Archevêché de Port-au-Prince,
7 Novembre 1910.

Bien cher Père Bonnaud,

Je me décide à mettre un prêtre en résidence à la Vallée de Jacmel, et j'ai fait choix de vous pour occuper ce poste ; je vous prie donc de quitter Gonaïves par le prochain « steamer » et de vous rendre directement à Port-au-Prince.

Votre bien dévoué,

✝ JULIEN, Archevêque.

Le sort en était jeté : il me fallait dire adieu à cette chère Eglise de St-Charles des Gonaïves, où pendant près de six ans je priais, prêchais, baptisais, catéchisais..., à cette sympathique population qui se fait un titre de gloire d'aimer les prêtres que le Bon Dieu lui envoie, à ces charitables, gais et délicats confrères, les PP. Rescourio et François Paul qui étaient pour moi des frères, et surtout à ce bon et vénéré curé des Gonaïves, M. Le Chanoine V. Guillo, qui fut pour moi un père et que je considérai comme tel depuis le jour mémorable où j'abordai pour la première fois, à Jacmel, en novembre 1901. Dix ans ont passé depuis, mais le souvenir de cette première entrevue est toujours vivant dans ma pensée. C'est lui qui vint me chercher à bord du paquebot : c'est lui qui, pendant un mois, à Jacmel, m'initia aux divers exercices du saint ministère : c'est lui qui me conseilla pendant mes premières années de vicariat dans une paroisse voisine de la sienne. C'est lui encore qui voulut bien m'accepter comme vicaire, en Février 1905, alors que je n'étais plus qu'une loque humaine, squelette ambulant, miné par les fièvres, empoisonné par le paludisme du *Petit-Goâve*. C'est lui enfin que j'eus le bonheur d'aider de mes faibles forces pendant près de six ans dans l'administration de son importante Paroisse des Gonaïves, où, peu à peu, je retrouvai la santé, grâce aux soins paternels qu'il me prodiguait et à l'atmosphère saline qui enveloppe, comme pour la conserver, la fière cité de l'Indépendance Haïtienne, la ville des Gonaïves.

Je partis le 10 au soir par l' « Allemanía », beau et grand steamer de la ligne Hambourgeoise - Américaine. Le lendemain, j'étais à Port-au-Prince où je fus reçu en audience par Mgr l'Archevêque. Après m'avoir donné tout un programme concernant la fondation d'une paroisse à La Vallée, Sa Grandeur me conseilla de gagner au plus tôt ma nouvelle destination : « Vous pouvez partir maintenant, me dit Mgr Conan. » Mais, Mgr, qu'allez-vous me donner pour mes premiers frais d'installation ? « Mon enfant, je n'ai rien... allez... vous verrez... le bon Dieu vous aidera... Débrouillez-vous... c'est à l'œuvre qu'on reconnaît l'ouvrier... » Mais Mgr, ajoutai-je, je connais déjà La Vallée : le local qui sert de presbytère est une misérable case où je ne pourrai jamais me loger avec mon personnel. « Peu à peu l'oiseau fait son nid, répliqua Sa Grandeur : courage et confiance... je vous bénis. »

Je partis donc à la façon des premiers apôtres du Christ, un bâton à la main, accompagné d'un petit noir de quatorze ans, à mon service depuis quatre ans. Mon noir nommé Samson

En route pour la Vallée, en compagnie de Samson mon fidèle Noir de 14 ans

montait mon mulet : moi, j'étais à cheval. Un fidèle ami nous suivait, mon chien, venu aussi des Gonaïves.

De Port-au-Prince à Jacmel, c'est une affaire de 25 lieues. Vers midi, nous arrivons à Léogane ; là, une halte s'imposait pour nous mettre à l'abri de « l'ignis ardens » du soleil tropical, pour satisfaire par une sieste d'une demi-heure aux exigences du « dæmonium méridianum » et jouir ainsi d'un peu de fraîcheur au milieu de la chaleur du jour.

A deux heures, nous sommes de nouveau en selle ; le Père Guihard nous accompagne. De Léogane, où il était vicaire, Mgr l'envoie à Jacmel en la même qualité. Ensemble nous chevauchons jusqu'à minuit, par monts et par vaux, en plaine, sur la crête des montagnes, au bord ds précipices, dans l'eau, avant d'atteindre une misérable chapelle palissadée en planches de palmiste et près de laquelle nous prendrons cette nuit un repos bien mérité. Vers 8 heures, nous y sommes : le sacristain, vieux noir, figure bon enfant, le sourire aux lèvres, le bouc taillé à la Napoléon, nous souhaite la bienvenue ; puis il prend nos montures qu'il envoie « lire la gazette » (1) dans un pré voisin. « L'herbe se fait rare » nous dit-il. Pauvres bêtes ! Après un voyage semblable elles méritaient plus grasse pitance !

Le lendemain, dès l'aurore, nous continuons pour Jacmel ; au début nos montures ne semblaient guère enthousiastes : leurs boyaux tapageurs me rappelaient le souvenir de ces orgues de « barbarie » qui, aux carrousels du Loch (2), le jour de la St. Sauveur, (3) étaient un véribale supplice pour les oreilles délicates de nos distinguées Alréennes. Au bout d'une heure nos montures s'échauffent ; ça va mieux ; leur courage renaît sans doute à la faveur de l'instinct qui leur fait entrevoir là-bas, à Jacmel, un ratelier bien garni.

Jacmel ! Ah ! que tu sembles éloigné avec tes rivières qui serpentent en zig-zag et qu'il faut sans cesse passer et repasser avant d'arriver jusqu'à toi. Il

---

(1) « Lire la gazette » se dit d'un cheval qu'on laisse sans nourriture.

(2) Champ de foire d'Auray.

(3) Fête d'Auray.

n'y a pas moins de quatre-vingt gués à franchir avant de rentrer en ville, et dire qu'il n'y a pas un pont sur tout ce parcours !

Vers onze heures nous sommes au bout de nos peines. Voici en effet Jacmel « la ville lumière » cité de 20.000 âmes, au commerce florissant, pays natal de son Excellence le Président de la République M. Michel Oreste, des ministres E. Morel et S. Pradel, de diverses personnalités qui forment l'élite intellectuelle d'Haïti, Jacmel, port ouvert au commerce étranger, d'où sont exportés chaque année à destination du Havre, New-York, Hambourg de 80 à 90.000 sacs de café, du coton, du cacao, des peaux de chèvre, du pitte, etc., etc.

Au presbytère je revois avec plaisir le vénéré pasteur de cette paroisse, l'un des vétérans de la mission ; au Petit-Goâve il fut mon curé et un peu mon médecin grâce à sa vieille expérience et à sa parfaite connaissance du pays. C'est le Père Hubert qui, coïncidence heureuse, vérifie à merveille la réputation attachée à son nom ; il est en effet, de tout le clergé d'Haïti, le plus intrépide et le plus habile chasseur. J'y rencontre aussi ses vicaires, bretons comme lui et moi, et je savoure une fois de plus en leur compagnie la vérité de ce verset de la Ste Ecriture: « Quam bonum et quam jucundum habitare fratres in unum. »

A Jacmel, je prendrai deux jours de repos ; mon cheval et mon mulet tireront leur cœur de pauvreté, et puis je monterai à La Vallée en compagnie du Père Hubert qui se propose de venir procéder à mon installation.

Le surlendemain nous disons la sainte messe à trois heures : l'Eglise est fermée : les maraudeurs qui la côtoient dans leurs promenades nocturnes attachent, paraît-il, un sens tout spécial à ces messes d'avant le jour. Dans leur crédulité ignorante, plusieurs s'imaginent qu'elles sont dites par des prêtres défunts, enterrés dans l'Eglise, comme c'est d'usage en Haïti, et dont les fantômes, la nuit, se promènent librement à l'intérieur de l'édifice. Au jour, ils regagnent la solitude silencieuse du tombeau.

A quatre heures et demie, après un

modeste déjeûner, on sonne le « boute-selle » et nous prenons la direction de la Vallée.

De Jacmel à la Vallée, c'est une route de trois heures et demie, en montagne, par des sentiers abrupts et étroits, sempiternels casse-cou. Les novices dans l'art équestre mettent parfois cinq ou six heures à faire ce trajet car Ils perdent un temps assez considérable à se remettre des émotions causées par les inévitables chûtes qu'ils font en cours de route. Nos petits chevaux nerveux grimpent les mornes (1) comme des chêvres agiles : çà et là apparaissent des ramiers : le Père Hubert ajuste son fusil et ne manque jamais son coup. « Ça va bien, me dis-je en moi-« même, il y aura de la viande pour la marmite. » Au loin, j'aperçois La Vallée qui devrait plutôt se nommer La Montagne, car elle se trouve perchée sur le plus haut pic de la chaîne des mornes qui l'entourent, à 750 mètres au-dessus du niveau de la mer. Encore quelques

(1) En Haïti, les montagnes s'appellent « mornes ».

minutes et nous sommes dans cette chère Vallée, au climat doux et frais, aujourd'hui Vallée de joie et d'espérance, où, à la façon des jeunes fiancés, je vois tout en rose, demain peut-être Vallée de larmes où les difficultés, les ennuis, les trahisons s'amonceleront sous mes pas ! Mais chassons ces idées noires...

Beaucoup de fidèles avertis sans doute du jour de notre arrivée sont assemblés autour de la chapelle : c'était, en miniature évidemment, l'aspect d'une réunion d'Alréens et d'Alréennes sur la Plaine et aux alentours de l'Eglise St-Gildas (1), un jour de « grand » mariage. L'installation était fixée au dimanche suivant: les personnes présentes se chargent de répandre la nouvelle aux alentours et au loin.

— A tout Seigneur, tout honneur : notre première visite sera pour le patron du lieu, le « Grand » St. Jean-Baptiste. Il est là, près de l'autel, fièrement campé dans sa statue de plâtre que soutient un solide soc de pierres.

(1) Eglise paroissiale d'Auray.

Je lui présente mes hommages, lui demande sa bénédiction, sa protection et un peu de son zèle pour la conversion des âmes dont je suis chargé. « Aidez-
« moi, Grand Saint, à faire connaître
« ici Jésus-Christ : rendez ma parole
« puissante comme la vôtre (vox cla-
« mantis in deserto). Ici aussi, c'est le
« désert. Sur 25.000 âmes, 3000 à peine
« connaissent la religion et la prati-
« quent. Vous qui étiez une lumière ar-
« dente pour les Juifs (ille erat lucerna
« ardens), aidez-moi à éclairer ces pau-
« vres âmes qui croupissent dans les
« ténèbres de l'ignorance et de la
« mort. »

— C'est en 1877 que pour la première fois le saint sacrifice de la messe fut offert à la Vallée. Pour la circonstance, on y éleva à la hâte une petite tonnelle en bambou recouverte de feuillage : peu après les habitants de l'endroit la remplacèrent par une très modeste chapelle en bois. M. Anovil Payen fit don à l'Eglise de Jacmel du terrain nécessaire pour l'établissement de cette chapelle et d'une petite case qui servirait de presbytère. Enfin en 1895 le

Père d'Armaïz, curé de Jacmel, aidé des PP. Guidec et Ménager, ses vicaires, du commandant Natban Lanture, chef rural, et des principaux habitants de l'endroit fit construire à sa place une chapelle en maçonnerie : c'est la chapelle actuelle. L'édifice mesure vingt mètres de long sur dix de large. Il me servira d'église paroissiale en attendant que des aumônes me procurent les moyens de construire une église véritable, assez vaste pour contenir la population catholique de ces parages. Ce local en effet est bien insuffisant ; les jours de grande fête et, même les premiers dimanches du mois, tous ne peuvent y entrer et cela se comprend. La nouvelle paroisse compte environ 25.000 âmes ; presque tous sont catholiques ; à peine y compte-t-on une centaine de protestants, anciens catholiques que la mauvaise foi, la corruption des mœurs, ou l'amour du « vil métal » offert par les sociétés bibliques ont détaché du sein de la véritable Eglise du Christ. Ces 25.000 catholiques, il est vrai, ne sont pas pratiquants, mais tous sont baptisés dès leur enfance ; tous viennent à l'église de temps en temps ; 3000 seulement sont convertis, c'est-à-dire communient, assistent à la messe à peu près régulièrement, malgré les grandes distances qui les séparent souvent de l'église, et vivent d'une vie régulière. Les 22.000 autres sont écartés de la religion par le fétichisme ou le concubinage, mais s'en voudraient de ne pas posséder dans un coin de leur case un modeste oratoire orné d'images de Saints Protecteurs devant lesquelles, avant de s'endormir et à leur réveil matinal, ils font avec leurs enfants leurs prières quotidiennes.

La passion du jeu est aussi pour un grand nombre, pour les hommes surtout, un obstacle à la sanctification du dimanche. De tous les jeux, le plus séduisant pour le noir et, partant, le plus suivi, c'est le jeu de coqs.

Haïti a ses combats de coqs comme l'Espagne a ses combats de taureaux. Nos « Chanteclercs » de là-bas sont nés batailleurs : ils forment une race spéciale qu'on nomme « coq-bataille », ou encore « coq-pagnol » parce que la plupart de ces fiers bipèdes sont d'origine espagnole ; ils viennent de la partie-est de l'Ile, de la République Dominicaine, jadis du domaine colonial de l'Espagne. Dans les principaux carrefours du pays d'Haïti, il y a une arène destinée aux prouesses de ces héros emplumés : ils sont soignés avec amour ; on les nourrit au maïs pour leur échauffer le sang : le jour venu, on ne manque pas de bien aiguiser leurs ergots, on les frotte d'une essence enivrante pour porter au maximum leur ardeur combative : on les porte délicatement sous le bras jusqu'à l'arène afin de leur éviter toute fatigue.

— L'heure du combat a sonné et les deux adversaires sont en présence : chacun a son nom de bataille : l'un s'appelle « Bouqui », l'autre « Ti-Malice ». « Bouqui » triomphera : non, c'est « Ti-Malice ». Les assistants ont engagé des paris. La bataille commence. Les coups de becs et d'éperons pleuvent de tous côtés : certains parieurs ont l'air inquiets. « Ti-Malice » recule : les partisans de « Bouqui » exultent et poussent des « hurrah ». Soudain la scène change d'aspect : « Ti-Malice » a reculé, mais c'est pour mieux sauter : il a pris son élan et, d'un formidable coup d'éperon il crève un œil à son adversaire qui, étourdi de la secousse, sort tout penaud de l'arêne. Son propriétaire lui tend les bras et le recueille tout en sang ; les perdants soldent leur dû, et les gagnants débordent de joie. Puis les combats continuent : il y a là vingt, trente, cinquante coqs qui ne demandent qu'à se battre ; la journée se passe ainsi.

Le soir nombreuses sont les figures réjouies ; nombreuses aussi hélas ! sont les têtes attristées et déconfites. Adieu les économies ! Demain il faudra travailler à la plantation ; le courage sera faible; la marmite manquera de graisse, faute d'argent pour s'en procurer ; la femme sera boudeuse ou colère ; les enfants seront maltraités ; le Bon Dieu sera mécontent. Quel fléau que les jeux de hasard ! Seigneur, délivrez ce pauvre peuple de sa passion pour les jeux de coqs.

L'installation. — Nous sommes au Dimanche 20 Novembre 1910, jour fixé pour l'installation. A huit heures la chapelle est comble de fidèles accourus pour le saint sacrifice, et la cérémonie annoncée. A huit heures et demie la messe commence : c'est le nouveau curé qui officie. Au prône le Père Hubert prend la parole : en patois créole qu'il connaît à fond, il présente à la population le curé que Monseigneur lui envoie ; puis il donne lecture d'une longue épître que sa Grandeur adresse aux *Valléens*. Dans cette lettre Monseigneur l'Archevêque annonce aux habitants de La Vallée que, se rendant à leurs désirs plusieurs fois exprimés, il leur accorde un prêtre, le Père Bonnaud, qu'il recommande à leur bienveillance, il les exhorte à l'aider et à le soutenir de toutes façons....

Le Père Hubert commente les paroles de sa Grandeur. Par une comparaison familière, il explique aux fidèles leur situation nouvelle : « Une nouvelle « paroisse est semblable à un « bois-« neuf ». Quand d'un bois vous voulez « faire un jardin vous abattez et brûlez « les arbres, puis vous ensemencez. Si « la semence ne lève pas, l'essai a été « infructueux : vous jugez que le terrain « ne vaut rien, et vous cherchez ail-

« leurs ; le projet de faire un jardin
« dans cet endroit est abandonné pour
« toujours.

« Ainsi en est-il d'une paroisse nou-
« velle : c'est un essai. Si le succès ne
« répond pas à l'effort, le projet est
« abandonné ; l'on jette ses vues sur un
« autre terrain plus favorable »

C'était à mon tour de prendre la parole. Je remercie le père Hubert d'avoir bien voulu venir m'installer ; j'exprime à mes paroissiens la satisfaction que j'éprouve de me trouver à leur tête ; je leur expose le rôle du prêtre qui consiste à être père, docteur, conseiller, juge... ; je les exhorte à montrer toujours une grande somme de bonne volonté pour que le projet de paroisse aboutisse ; bonne volonté pour suivre leur religion, bonne volonté aussi pour m'aider dans les constructions futures.

Dès mon arrivée en effet, je compris que la construction d'un presbytère s'imposait. La petite case, œuvre du Père Guillo, alors curé de Jacmel, pouvait bien suffire au prêtre qui de la ville montait à La Vallée de temps en temps pour n'y passer que deux ou trois jours. La situation avait changé ; impossible d'ailleurs de loger mon nombreux personnel. Pensez donc ! une cuisinière, cela va sans dire, mais de plus trois petits noirs indispensables pour le soin des chevaux et des mulets, la culture des champs d'herbe, des cafés et des bananes, les commissions à la ville, le service de l'Eglise et la fabrication des pains d'autel etc etc... Comment fournir un abri à tout ce monde dans une case de 6 mètres de long sur 3 de large ? La cuisinière dut chercher un gîte dans le voisinage. Les garçons étaient moins encombrants, leur mobilier consistant en une natte de joncs : ils l'étendaient le soir dans un coin quelconque et y dormaient à poings fermés.

La case était divisée par une cloison intérieure ; j'avais donc deux appartements : une salle à manger, qui était en même temps salle de réceptions, fumoir, bureau, et une chambre à coucher, où il n'y avait, pour tout ameublement qu'un vieux tréteau vermoulu, faisant fonction de lit. Ce meuble antique reprit plus tard une apparence de jeunesse.

car un habile ouvrier le répara et le remit à neuf, en en faisant disparaître toute trace de vétusté.

Ma chambre à coucher était plafonnée ; le dessus faisait office de grenier pour tout ce qui n'était pas destiné à un usage immédiat. Mes trois garçons Samson, Mano et Maurice eurent bien vite la malheureuse idée d'y établir domicile la nuit. Une mauvaise échelle y donnait accès de la salle à manger qui, elle, n'était pas plafonnée.

La deuxième nuit je suis réveillé en sursaut par un bruit formidable : Boum ! ! ! ; puis des cris déchirants... « Allons, pensai-je tout de suite ; encore quelque chose de cassé ; c'est sans doute ma selle qui dégringole sur le nez d'un garçon ! ». Vite je craque une allumette ; c'était *Mano*, le cadet de mes noirs, qui, en rêvant sans doute, avait fait un pas en avant dans le vide et s'était abattu sur le dos dans la salle à manger. J'envoie chercher la bonne et donne une consultation au blessé : friction, massage et dès l'aurore une forte purgation saline. La prescription fut exécutée à la lettre et le lendemain il vaquait de nouveau à ses occupations ordinaires.

La nuit suivante, je dormais tranquillement, croyant que mes garçons, sevrés désormais de la manie du plafond, avaient étendu la natte dans la salle à manger. Mais « quand les malheurs commencent il n'y a plus de « *finissement* » disent les bonnes femmes de St-Goustan (1). Vers minuit j'entends l même bruit que la veille : Boum ! ! ! ; puis silence, pas un cri, pas une plainte.... « Mon Dieu, encore un malheur !... il ne crie pas, alors... il est mort ! ! ! » J'accours, et que vois-je ? Samson, l'aîné des garçons, debout dans la salle à manger, un trou dans la tête, tout ensanglanté. « Qu'y a-t-il Samson ? Comment as-tu fait ton compte ? » — « Je rêvais, Père, me répond l'enfant, et d'en haut, où je dormais, je suis tombé dans le vide. » — « Bon, demain, de grand matin, tu prendras un purgatif salin,, et, de suite, tu vas te laver la tête avec du jus de citron ! ». C'était trop fort, je réfléchis...

(1) Auray a deux paroisses : St. Gildas, au centre de la ville, et St. Goustan, dans la banlieue.

Le dimanche suivant, au prône, je mis mes paroissiens au courant de mes malheurs domestiques et leur fis part de mes intentions pour en prévenir le retour : « Mes frères, leur dis-je, devant ces malheurs répétés il est urgent de prendre une décision ; le presbytère n'est pas habitable ; il en faut un nouveau : à vous de m'aider. Je vais faire appel à la générosité de mes amis de Port-au-Prince, Gonaïves, Jacmel, Saint-Marc, Bainet et aussi de France. Vous, mes frères, vous ferez aussi quelque-chose, mais vous m'aiderez surtout de vos bras ; tous les mercredis vous viendrez à la corvée : je serai à votre tête. Nous réunirons des roches et du sable, nous confectionnerons des fours a chaux, nous abattrons des arbres, nous les scierons et nous les transporterons , quand les matériaux seront réunis je ferai venir des ouvriers maçons et charpentiers : le bon Dieu me donnera de quoi les payer ».

Le mercredi suivant, beaucoup d'hommes répondirent à l'appel : un comité fut organisé : seize membres actifs furent choisis parmi les hommes les plus influents de la région :

Un vénérable vieillard estimé de tous, Monsieur Granville Laroche père de dix enfants mariés et convertis, fut élu président du comité par 15 voix contre une. Il fut décidé que l'on choisirait en outre 500 membres honoraires fondateurs de la Nouvelle Paroisse ; et qu'il serait demandé à chacun une offrande pour l'œuvre entreprise. De plus les membres actifs s'engageaient à venir au travail tous les mercredis en compagnie de plusieurs parents ou amis. Il fut décidé encore que du tafia ou du rhum serait distribué pendant les corvées ; par contre, on ne donnerait pas à manger, chacun devant « se bourrer le coffre-fort » à sa case avant de se rendre au chantier.

Mes hommes tinrent parole. Tous les mercredis, j'avais à pied-d'œuvre, travaillant gratis et sans contrainte 25, 50, 100 hommes venus d'habitations souvent très éloignées.

Un mercredis j'en eus 204. Il s'agissait ce jour-là de transporter à dos d'hommes des madriers et des poteaux très lourds qui avaient été travaillés à environ trois lieues de La Vallée. Par pitité pour mes hommes je dus passer deux chèvres à la marmite ; des cœurs généreux m'apportèrent du maïs, des bananes et des haricots ; des chaudières furent dressées aux alentours du chantier ; deux femmes noires très dévouées vinrent faire l'office de « cordon bleu », et toute ma troupe fut rassasiée. Au dessert je distribuai du rhum ou du tafia, suivant les goûts, sans oublier le tabac, toujours bien accepté des amateurs de pipe.

La construction du nouveau presbytère commença le 27 Avril 1911. De Bainet, ville voisine, j'avais fait venir cinq maçons et trois manœuvres. L'élément féminin de La Vallée avait la consigne d'apporter l'eau nécessaire aux travaux ; grosse affaire ! il fallait aller la puiser à la rivière à 1500 mètres de la chapelle dans d'énormes calebasses (1) que les porteuses chargeaint sur leur tête ; si elles se laissaient aller à la négligence, la cloche de la chapelle les rappelait à leur devoir, et ne cessait

(1) Cruches du pays.

de sonner que quand l'eau était en abondance. En deux mois, le 23 Juin, le rez-de-chaussée était terminé. Mais les fonds étaient épuisés : que faire ? Je dus congédier les ouvriers et m'en remis à mon avocate Sainte-Anne, à celle qui toujours m'a protégé et soutenu. Elle m'inspira la pensée de me rendre aux Gonaïves, où je fus vicaire et où je comptais nombre d'amis à qui je pourrais tendre la main. Je partis plein d'espoir et ne fus pas déçu : des amis charitables mis au courant de ma détresse me vinrent de suite en aide. Ma moisson s'annonçait belle quand un évènement que je n'avais pas prévu vint subitement la contrarier. J'étais aux Gonaïves depuis trois jours, quand le 14 Juillet, au matin, j'entends battre l'assemblée générale : puis trois coups de canon d'alarme : Gonaïves adhérait à la révolution inaugurée quelques mois auparavant à Ferrier sur la frontière d'Haïti et de Saint-Domingue par une poignée de braves, à la tête desquels se trouvaient le Général Cincinnatus Lecomte. Les citoyens les plus paisibles étant désormais occupés à mettre la ville en état de défense contre les attaques possibles du Gouvernement qui n'était pas encore disposé à abdiquer, je compris que je n'avais désormais rien à faire aux Gonaïves. Je pris donc un s eamer en partance pour Port-au-Prince où je passai un jour entier avant de regagner mon domicile. Le 11 Août, le pays était de nouveau en liesse : la révolution avait triomphé : le Général Antoine Simon prenait la route de l'exil, et Cincinnatus Lecomte était proclamé président. Je pensai alors à continuer mes travaux, mais après un examen minutieux de l'état de mes finances, je crus plus prudent d'attendre la fin de l'année. Mon idée n'était pas mauvaise : je reçus bientôt quelques offrandes : des amis de France, des compatriotes alréens, mes confrères du Séminaire de la Mission, me vinrent un peu en aide. Mgr l'Archevêque me secourut aussi. Plusieurs de mes paroissieins consentirent de nouveaux sacrifices et à la fin de novembre je fus en mesure de rappeler les ouvriers pour continuer et mener à bonne fin le travail commencé en avril. Pendant toute la durée de ces travaux, le dévouement de ma population ne s'est pas démenti un seul instant. Ce sont les hommes de La Vallée qui, à diverses reprises, ont dû aller à Jacmel chercher, pour les transporter sur leurs dos, les planches et les tôles nécessaires pour la bâtisse. Or, Jacmel est à environ 8 lieues de La Vallée. Qu'importe ! le dévouement ne connaît ni les obstacles, ni les distances : un jour, j'aurai 97 hommes à un transport de planches ; un autre jour, j'en aurai un peu moins, mais toutes les planches achetées arriveront quand même à destination. Chaque homme en portera deux sur ses épaules, sans s'inquiéter des meurtrissures ni des écorchures contractées en cours de route. Trouverait-on dans nos vieux pays chrétiens d'Europe un dévouement si manifeste ?

Dans le courant de 1912, la maison était à peu près terminée. A la fin de l'année, Mgr l'Archevêque m'avisa de sa prochaine visite pastorale : il serait à La Vallée du 9 au 12 Février 1913 et bénirait lui-même le nouveau presbytère. Il me fallait donc mettre la dernière main à la construction. Un converti dévoué M. Jean-Marie Ismogène acheva les travaux de menuiserie. Mes trois garçons Samson, Vienne et Oscar (dit Corps-Crase) furent chargés de peindre la nouvelle maison ; et, le 9 Février, tout était prêt pour recevoir Sa Grandeur. A la messe, ce jour là, je rappelai aux paroissiens que Monseigneur arrivait dans l'après-midi : « Je vous invite, mes frères à venir à la rencontre de Mgr jusqu'au fort Blocos, limite de notre paroisse ; nous partirons à deux heures ; à deux heures moins le quart le clairon sonnera le rassemblement et à deux heures précises le signal du départ. »

A l'heure dite, nous étions cent quatre cavaliers chevauchant gaîment jusqu'à Blocos où, par les soins du chef militaire de La Vallée un pied-à-terre garni de feuillage et de fleurs avait été préparé pour Sa Grandeur.

Un moment après, Mgr l'Archevêque apparaît, accompagné de son secrétaire, le Père Le Hir, et de quelques cavaliers des montagnes de Bainet.

Sa Grandeur descend de cheval pour recevoir les compliments du chef militaire, le commandant Inozaine, qui s'exprime ainsi :

Monseigneur,

Je suis heureux de recevoir dans mon commandement la première autorité religieuse d'Haïti : la population de La Vallée vous attendait avec impatience, pour vous témoigner sa respectueuse sympathie et sa reconnaissance. Elle sait en effet, Monseigneur, combien vous vous intéressez à elle. Vous l'avez d'ailleurs bien prouvé en lui donnant un prêtre pour s'occuper de ses intérêts spirituels. Rentrez donc avec confiance dans mon commandement, Mgr : à La Vallée l'autorité religieuse et l'autorité militaire se donnent la main pour le plus grand bien de la population : en un mot, c'est l'alliance du sabre et du goupillon. »

Mgr adressa ensuite un mot de remerciements au Commandant Inozaine et aux nombreux cavaliers venus à sa rencontre ; puis la cavalcade s'organise dans la direction de La Vallée. En cours de route un jeune noir portant lunettes se met en travers du chemin pour faire un discours à sa Grandeur ; le protocole

Case de Noir dans les Montagnes

n'avait pas prévu ce morceau d'éloquence : force fut donc à l'orateur de rengaîner son compliment. A l'entrée de La Vallée, un arc de triomphe en feuillage avait été dressé. C'est là que la procession s'organise. Monseigneur revêt ses ornements pontificaux, et trois orateurs se mettent en ligne pour saluer sa Grandeur. Mgr répond à chacun d'eux. Plus loin, à la porte de la chapelle, la directrice d'école et le président du Comité font aussi leurs discours ; puis l'on rentre à l'église. De l'autel, le curé souhaite la bienvenue à celui qui vient au nom du Seigneur : « Benedictus qui venit in nomine Domini. » Il s'excuse de recevoir sa Grandeur à la façon dont les premiers Chrétiens recevaient les premiers apôtres du Christ, dans une misérable église, dépourvue de tout, mais en même temps il s'honore de pouvoir présenter à Mgr une population qui le respecte et qui l'aime à la façon des premiers chrétiens chez qui il n'y avait qu'un cœur et qu'une âme pour dire à l'envoyé du Christ : « Béni soit celui qui vient au nom du Seigneur. » Il espère cependant que pour la prochaine visite pastorale, dans trois ans, il pourra recevoir sa Grandeur, sinon dans une Eglise nouvelle, du moins dans cet édifice réparé et agrandi. Puis il donne lecture du compte-rendu de la Paroisse.

En deux ans, il y a eu 663 premières communions, environ 1500 baptêmes, 105 mariages; 175 malades ont reçu les derniers sacrements ; 80 personnes ont eu les honneurs de la sépulture ecclésiastique ; une école de garçons commence à fonctionner ; l'école des filles fonctionne également ; un presbytère a été bâti, etc., etc...

Il y a encore beaucoup à faire : il faut une Eglise, un Chemin de Croix, un Calvaire, une statue du Sacré-Cœur, des ornements et vases sacrés, des cloches, etc... Mais les ressources font défaut.

Monseigneur remercie M. le Curé de ses souhaits de bienvenue; il est heureux de se trouver au milieu de ses chers fidèles de La Vallée qui ont su apprécier à sa juste valeur le grand cadeau qu'il leur a fait en leur donnant un prêtre résident Il espère qu'ils continueront à se montrer dignes de sa sollicitude. Il les félicite d'avoir tant contribué à la bâtisse du beau presbytère qui restera une gloire pour leur quartier. Il les exhorte à continuer leurs bons offices, à aider de toutes façons leur Pasteur qui n'attend que des ressources pécuniaires pour construire une nouvelle église... Puis sa Grandeur donna la bénédiction du Très Saint-Sacrement.

Le lendemain Mgr bénissait le nouveau presbytère en présence de nombreux parrains et marraines et le 12 il donnait à 553 personnes le sacrement qui fait les forts, la confirmation. La cérémonie commencée à huit heures dura jusqu'à midi. A deux heures le clairon sonna le boute-selle, et un moment après sa Grandeur partait pour Jacmel en compagnie de plusieurs prêtres et d'un nombre considérable de cavaliers.

La semaine suivante je quittais moi-même La Vallée pour un congé de six mois au « pays des bruyères et des clochers à jour », laissant mes chers paroissiens aux bons soins du Père Morin désigné par Mgr l'Archevêque pour me remplacer jusqu'à mon retour de France.

Appendice. — Dans mon récit il n'a été question que de La Vallée, centre paroissial : je ne puis le terminer sans faire mention des trois chapelles rurales qui dépendent de ce centre et que j'ai par conséquent à desservir : La Montagne, Boursicot, et le Morne-à-Brûler situées à une distance de quatre ou cinq lieues de ma résidence habituelle A La Vallée il y a messe le premier et le troisième dimanche de chaque mois ; le deuxième et le quatrième sont réservés aux chapelles. Je m'y rends évidemment à cheval, car c'est le seul moyen de locomotion dont dispose le missionnaire d'Haïti. Chaque visite de chapelle dure plusieurs jours pendant lesquels le prêtre n'a pas un moment de répit. Les fidèles en effet affluent au confessionnal; de nombreux enfants sont présentés aux fonts baptismaux ; on vient chercher le missionnaire pour visiter les personnes malades du quartier, chanter l'absoute sur la fosse des chrétiens qui, décédés depuis la dernière visite de chapelle n'ont pu avoir le prêtre pour présider à leurs funérailles. Le missionnaire réunit en groupe les personnes qui se préparent à la première communion ; il leur explique le catéchisme, les interroge, s'enquiert de leur régularité aux réunions de catéchisme que préside en l'absence du prêtre le directeur de la chapelle. Il donne des conseils, réprimande ceux qui ont fauté, réconcilie les ennemis, raccorde les époux désunis, etc., etc... En un mot, ce sont des journées de ministère écrasant, où le corps est abîmé de fatigue, mais où l'âme du prêtre zélé se sent réconforter à la pensée qu'il a fait *le bien.* N'est-ce pas dans ce but qu'il a tout quitté, parents, amis, Patrie ? Qu'importent la fatigue, les peines, les privations ! L' *Apôtre* ne doit avoir en vue que le salut des âmes et ne jamais perdre de vue la devise qui résume le programme de sa vie « Da mihi animas, Domine, cœtera tolle tibi. »

L. BONNAUD,
Missionnaire.

*

CANTIQUE

à Saint-Jean-Baptiste de La Vallée

HAITI

Air : *Ste Anne, ô bonne Mère.*

Paroles de M. Le Chanoine Le Dorz, d'Auray, curé-doyen de St. Patern (Vannes).

REFRAIN

Saint Jean, ô notre Père
Honneur, louange à toi
Soutiens par ta prière
Nos cœurs et notre foi.

I

Ecoute La Vallée
Redire à Lavanon
Ta vie immaculée,
Ta gloire et ton saint nom.

II

Dans ce pays qu'il gagne
Ton nom a retenti,
Morne à Brûler, Montagne
Partout l'ont applaudi.

III

Dès le berceau tu brilles,
Miroir de sainteté
Accorde à nos familles,
D'aimer la pureté.

IV

Ta vie est pénitence,
Prière, obscurité :
Que ton pieux silence,
Par nous soit imité.

V

Tu fuis le jeu frivole
Pour mieux servir ton Dieu,
Instruits à ton école
Au mal disons adieu.

VI

Hérode en vain menace
C'est Dieu que tu défends :
Transmets ta sainte audace
Aux cœurs de tes enfants.

VII

Que peut, dans sa furie,
Le lion rugissant ?
Contre un chrétien qui prie,
L'enfer est impuissant.

VIII

Tu prêches par le monde
Jésus, le roi du Ciel :
Que notre amour réponde
Et suive ton appel.

Eglise de Bainet

Presbytère de La Vallée
bénit par Mgr Conan, le 11 Février 1913
en présence de nombreux Parrains et Marraines
(Vue prise le jour de la Bénédiction)

IX

Fais fuir par tes prières
Loin de nos toits chrétiens
La « race des vipères »
Et les magiciens.

X

Fils de la Sainte Eglise
Gardons jusqu'au tombeau
L'honneur comme devise
La Croix pour seul drapeau.

XI

O grand, ô saint modèle
De toutes les vertus,
Dans notre cœur fidèle,
Fais triompher Jésus.

Juillet 1913

«0»

www.ingramcontent.com/pod-product-compliance
Ingram Content Group UK Ltd.
Pitfield, Milton Keynes, MK11 3LW, UK
UKHW012259240726
13966UKWH00004B/1485

9 782012 863347